그리운 강진극장

2024

그리운 강진극장

김재석 시집

사이재

시인의 말

갑진년 새해 첫날
또 한 차례 임사체험을 하였다

치인 차 안에서
공중제비를 돌고도
살아남았다

앞날,
앞날을 예측할 수 없다는 말을
얼마 전에 뱉은 적이 있는데
현실화 되었다

어디
몸이 부서진 곳은 없으나
몸이 놀라
심상치 않는 곳이 없다

지금
마음의 상처를 치유하는 길은
시집을 세상에 내던지는 일 외에는
없다

모두 다
강진에 대한 시다

내가 나에게
그새를 못 참고
또 시집을 낸다는 소리를
들을 것이다

2024년 봄
일속산방一粟山房에서
작시치作詩痴 김재석

차례

그리운 강진극장

시인의 말

1부

영랑생가 13
동백나무와 나 14
비 내리는 영랑생가 16
영랑생가의 봄은 18
영랑생가의 여름은 20
영랑생가의 가을은 22
영랑생가의 겨울은 25
호화양장본시집인 영랑생가의 대표작이 궁금하다 27
영랑생가가 흥얼거리다 29
영랑생가를 드나드는 나를 31
현구생가의 봄은 33
현구생가는 산장의 여인이 아니다 35
그리운 강진극장 37
그리운 것은 다 청춘극장통에 있다 39

2부

백운동원림 43
창하벽霞霞壁 46
달빛한옥마을은 우주선이다 47
달빛한옥마을은 빛 좋은 떡살구다 50
달빛한옥마을이 경사가 나다 52
달빛한옥마을이 너그럽다 53
달빛한옥마을이 머리를 싸매다 54
달빛한옥마을이 너무 잘나가 문제다 56
달빛한옥마을이 햇빛에게 눈치를 받은 적이 없다 58
달빛한옥마을이 달빛 못지않게 햇빛의 사랑을 받는다 60
어관魚觀마을이 나에게 가르치다 62
수동 65
송촌松村 66
강진에 살어리랏다 68
병영 찬가 70

3부

죽섬 73
강진만 갈대밭이 시치미를 떼다 74
강진만에게 알리지 말라 76
묵은 갈대 78
눈 내리는 강진만에서 80

겨울 강진만이 나를 가르치다 82

겨울 강진만에서 84

강진만 갈대밭이 나에게 면목없단다 86

4부

일주문 91

사천왕문 93

보제루 94

극락보전 96

극락보전 밖 아미타삼존불 97

명부전 98

나한전 99

천불전 100

성보박물관 102

범종 13

무위사 삼층석탑 104

선각대사편광탑비 105

청화당淸和堂 16

아미타삼존불도 107

수월관음벽화 108

월출산산신각 109

미륵전 110

아미타내영도 111

괘불대 112

약수터 옆 감나무 113
대적광전 114
명부전 앞 벚나무 116
동백꽃똥구멍쪽쪽빠는새 17
빗속에 뻐꾹새가 운다 118
노을 119

1부

영랑생가

당신의 방문이
나의 시작에
지장을 줄 수도 있다는 말을
뱉을 수 있는 이는
영랑생가다

아직까지
그런 말을 뱉은 적이 없다,
하지만

동백나무와 나

영랑생가
동백나무에 동백꽃이
얼굴 내민 지 얼마나 됐다고
벌써 내가 입맛을 다시나

동박새도
직박구리도 기웃거리지 않는데
내가 기웃거린다는
오해를 살 수 있겠다

나는
영랑생가에
봄이 어떻게 오고
봄이 어디쯤 왔는가 보려고
영랑생가를 찾았는데
일찍 얼굴 내민
동백꽃을 보고
나도 모르게 입맛을 다시다니

동백나무에게
내 속을 다 보였다는 생각에

안절부절못하는 나를
동백나무가 빤히 쳐다보는데
다행히 나에 대하여
안 좋은 감정은 없는 것 같다

내가
동백꽃똥구멍쪽쪽빠는새인 것을
동백나무가
이미 파악하였는지
이미 파악하지 않았는지
궁금하다

비 내리는 영랑생가
 - 봄

비 내리는 영랑생가를 찾은 내가
안채 마루에 앉아
영랑생가에 내리는 비에 대하여
사유를 펼친다

발원지가
떠돌이 먹구름인 비가
영랑생가에 다다른 게
우연인가,
필연인가

비는
꽃나무들의 갈증을 해소해 주고
꽃나무에 꽃들이 얼굴을 내미는 데
기여하는데……

나는
시로
누군가의 영혼의 갈증을 해소해 주고
누군가가 갈 길이 어려울 때
손잡아 줘야지

비 내리는 영랑생가를 찾은 내가
안채 마루에 앉아
영랑생가에 내리는 비에 대하여
사유를 펼치다가
앞으로 내가
어떤 시로 뭔 일을 해야 할 것인가를
생각해 냈다

영랑생가의 봄은

영랑생가의 봄은
안채 뒤
대숲 언덕에 얼굴 내민
동백나무에서 온다

동백나무 중에서도
안채와 사랑채 사이
맨 오른쪽에 있는
동백나무에서 온다

아니다
아니다

영랑생가의 봄은
동백나무 아래
풀밭에 얼굴 내민
큰개불알풀의
쪽빛 수레에 실려 온다

아니다
아니다

영랑생가의 봄은
햇살의 구애에
마음을 줄까 말까
망설이는
돌담에서 온다

아니다
아니다

영랑생가의 봄은
한군데서만 오는 게 아니라
여기저기서
티 내기도 하고
티 내지 않기도 하며
온다

영랑생가의 여름은

영랑생가의 여름은
모란이 진 뒤
얼마 되지 않아 온다

보은산 소쩍새 울음소리가
영랑생가를 가만두지 않는 것으로
부족하여
보은산 뻐꾹새 울음소리까지
영랑생가를 가만두지 않을 때
영랑생가의 여름은 걸음마를 뗀다

살구꽃이 진 자리에 얼굴 내민
살구 열매가
해와 달, 별빛을 챙길 뿐만 아니라
보은산 소쩍새 울음소리도
보은산 뻐꾹새 울음소리도 챙겨
노란 전구로 변할 때
영랑생가의 여름은 비로소 이름값을 한다

보리수꽃이 진 자리에
얼굴 내민 열매 역시

해와 달, 별빛을
보은산 소쩍새 울음소리를
보은산 뻐꾹새 울음소리를 챙기느라
정신이 없을 때
영랑생가의 여름은 진가를 발휘한다

마침내
보은산 뻐꾹새는 떠나고
보은산 소쩍새만 남은 뒤
배롱나무에 꽃이 피는데
보은산 뻐꾹새 울음소리를 피하여
배롱나무가 꽃을 피우는지
배롱나무의 꽃을 피하여
보은산 뻐꾹새가 떠나는지 헷갈릴 때
영랑생가의 여름이 절정에 이른다

영랑생가의 여름은
모란이 진 뒤
얼마 되지 않아 온다

영랑생가의 가을은

영랑생가의 가을은
감잎이
은행잎이
해와 달, 별빛을 챙긴 게
들통나기 시작한 때부터라고 해야 하나,
해와 달, 별빛을
뒤늦게 챙기기 시작한 때부터라고 해야 하나

병아릿빛 감꽃과
눈곱만 한 은행나무 암꽃이
사라진 자리에
얼굴 내민
감이
은행이
해와 달, 별빛을 챙긴 게
들통나기 시작한 때부터라고 해야 하나,
해와 달, 별빛을
뒤늦게 챙기기 시작한 때부터라고 해야 하나

예전에는
무조건

감잎이
은행잎이
감이
은행이
해와 달, 별빛을 챙긴 게
들통나기 시작한 때부터라고 생각했는데
지금은
해와 달, 별빛을
뒤늦게 챙기기 시작한 때부터라는 생각이 들기도 한다

감잎과
감이
은행잎과
은행이
행동을 똑같이 하는지
행동을 역으로 하는지
그것도 의문이다

영랑생가의 가을은
경우의 수,
경우의 수가 많을 뿐만 아니라

만사가 생각하기 나름이기에
딱 잘라 말하기가
곤란하다

영랑생가의 가을은
감잎과
감이
은행잎과
은행이
해와 달, 별빛을 챙긴 게
들통나기 시작한 때부터라고 해도
해와 달, 별빛을
뒤늦게 챙기기 시작한 때부터라고 해도
무방할 것 같다

영랑생가의 겨울은

영랑생가의 겨울은
떠돌이 구름이
영랑생가를
물로 대청소를 할까,
눈으로 도배를 할까 망설일 때부터이다

영랑생가의 겨울은
영랑생가의
황포돛대인 은행나무가
황포를 거의 다 내려놓은 때부터라는 생각을
떨쳐버릴 수 없다

돌담이 더위 먹을까 봐
잎새로 가려주던 담쟁이가
돌담이 햇볕을 쬐도록
잎새를 거두기 시작한 때부터라는 생각도
떨쳐버릴 수 없다

영랑생가의 겨울은
은행나무와 돌담과 무관하고
내 생각과 전혀 달리

엉뚱한
그 무엇과 관계가 있을 수도 있다

영랑생가의 겨울은
떠돌이 구름이
영랑생가를
물로 대청소를 할까,
눈으로 도배를 할까 망설일 때부터이다

호화양장본시집인 영랑생가의 대표작이 궁금하다

호화양장본시집인
영랑생가의 대표작이 궁금하다

누구는
강진을
영원히 지지 않는 모란이 되게 한
모란이라는데
모란은
화무십일홍이
뭔가를 가르쳐 주고
떠난다

안채 뒤
영랑에게
「내 마음의 어딘 듯
한편에 끝없는 강물이 흐르네」를 안겨 준
대숲 언덕의 동백나무가
대표작일 수도 있다

모감지째 떨어진
동백꽃이

뒷마당을 도배할 때는
동백꽃이 아까워, 아까워서
차마 밟고 지나갈 수가 없다

찰밥을 생각나게 하는
살구꽃,
살구꽃도
대표작의 물망에 오르나
살구꽃이
영랑의 눈 안에 든 적이 없다

그밖에
직유가
은유 못지않다는 걸
입증한
「돌담에 소색이는 햇살」을 낳은
돌담도
대표작의 물망에 오른다

호화양장본시집인
영랑생가의 대표작이 궁금하다,
그야말로

영랑생가가 흥얼거리다

영랑생가가 흥얼거린다

어디서 많이 듣던 곡이라 했더니
토셀리의 세레나데다

내가
토셀리의 세레나데에 꽂힌 걸
어떻게 알고
영랑생가가 나에게
토셀리의 세레나데를 들려 주나

사랑의 노래 들려온다
옛날을 말하는가로 시작하는
토셀리의 세레나데가
나의 심금을 울린 지
햇수로 반세기가 더 지났다

내가 이따금
서재에서 흥얼거리는
토셀리의 세레나데를
영랑생가가 나에게 들려주니

감동을 먹을 수밖에

영랑생가와 내가 함께
토셀리의 세레나데를 흥얼거린다

영랑생가를 드나드는 나를

영랑생가를
시도 때도 없이 드나드는 나를
영랑생가의 정부로 여길까
무섭다

내가 영랑생가를 드나드는 것은
영랑생가가
나에게 시를 안겨 주기 때문인데
다들 내가 다른 이유로
영랑생가를 드나드는 것으로 여길 수 있다

나 아닌 누군가가
영랑생가를
시도 때도 없이 드나든다고 해서
영랑생가가 나에게 시를 안겨 주듯이
누군가에게도
영랑생가가 시를 안겨 줄까

앞으로
영랑생가가
나에게 시를 안겨 주지 않는다고 해도

나는 변함없이
영랑생가를 드나들 것이다

뭔 이유인가 몰라도
단 하루라도
내가 영랑생가를 찾지 않으면
영랑생가가 안절부절못한다

영랑생가를
마음껏 드나드는 나를
영랑생가의 정부로 여길까
무섭다

현구생가의 봄은

다시 태어난
현구생가의 봄은 어디만큼 왔을까

묵은 남촌이
이파릴 아직도 내려놓지 않고
맥문동만 푸른
현구생가의 봄이 어디 만큼 왔는지
도무지 모르겠다

연출인 장독 어디에서
봄이 올 리가 없고
밑둥이 잘린 파초와
고사한 수국에서도
봄이 올 기미가 보이지 않는다

구근이 이마를 내민
수선화 새싹의 크기만큼
봄이 왔다고 하면
누구도
이의를 제기하지 않을까

다시 태어난
현구생가의 봄은 어디만큼 왔을까,
지금

현구생가는 산장의 여인이 아니다

봄이 어디에서부터 오는지
애매한
현구생가는 산장의 여인이 아니다

저평가된
현구의 위상을 되찾아 주기 위하여
다시 태어난
현구생가가 산장의 여인이 아닌 것은
현구생가가
병들지도
가슴이 쓰라리지도 않기 때문이다

봄이 어디에서부터 오는지
애매해도
봄이 오기는 온
현구생가에
먼 걸음을 한 길들의 발자국꽃이
별로 눈에 띄지 않는 게
고무적인가,
고무적이지 않는가

종일 고개를 처박고
니체 읽기에 몰두하는
현구생가의 마음을 뒤흔드는 건
보은산 소쩍새 울음소리와
보은산 뻐꾹새 울음소리다

차라리
현구생가가
먼 걸음을 한 길들에게
당신의 방문이 나의 독서에
방해가 될 수도 있다는
푯말을 세우는 게 좋겠다
봄이 어디에서부터 오는지
애매한
현구생가는 산장의 여인이 아니다

그리운 강진극장

다가온 과거가 삼양볼링장인
그리운 강진극장이
나로 하여금
추억을 되새김질하게 한다

김승호의 '마부'를
박노식의 '아리랑'을
신영균의 '미워도 다시 한번'을
커크 다글라스와 버트 랑카스터의
'OK 목장의 결투'를
찰톤 헤스톤의 '벤허'를
강진극장이 나에게 안겨 주었다

언제부터
시네마스코프 총천연색이었는지
기억이 가물가물하지만
문화와 예술을 사랑하시는 강진읍민 여러분과
시네마스코프 총천연색이라는 멘트는
언제나 강진극장을 따라다녔다

한때 그리도 잘나간

강진극장이
안방극장인 텔레비전에 밀려
삼양볼링장으로 변신할 줄
누가 알았으랴

다가온 과거가 삼양볼링장인
그리운
강진극장이 나로 하여금
추억을 되새김질하게 한다

그리운 것은 다 청춘극장통에 있다

그리운 것은 다 청춘극장통에 있다

삼양볼링장에게
바통을 넘긴 강진극장도

강진극장과 어깨동무한
이제는
교외로 나간
강진소방소도

오솔길의
지나간 미래인
때울이가게도

다가온 과거가
강진책빵인 구강식당도

판자촌,
판자촌으로 변신한
천화원도

증발한
삼세의원도
태평이발관도
정옥당도
삼백번다방도

카페베네로
다시 태어난
모란다방도

끝까지 자리를 고수하고 있는
동광당도
십자양복점도

그리운 것은 다 청춘극장통에 있다

2부

백운동원림

시의
시에 의한
시를 위해 태어난
비밀의 정원 백운동원림은
신비하다

솟을대문을 들어서기 전부터
시가 마중을 하고
솟을대문을 벗어나자마자
시가 배웅을 한다

또한
백운동원림 내
내가 꽂힌 곳마다
시가 마중을 하고
시가 배웅을 한다

백운동원림을 방문할 때마다
나를 마중하고
나를 배웅하는
반반한 시들을 다 거명하지 않고

배길 수 없다

玉板峰,
山茶經,
百梅塢,
翠微禪房,
牧丹砌,
蒼霞壁,
貞蕤岡,
楓壇,
停仙臺,
紅玉瀑,
沆瀣曲水,
籫篖園

열두 편의 시 중에
어떤 시가
가장 으뜸이라고 말할 수 없을 정도로
다 반반하다

하나를 뽑으라면

도저히 뽑을 수 없고
셋을 뽑으라면
가까스로 뽑을 수 있으나
위화감을 조성하기에 뽑지 않으련다

시의
시에 의한
시를 위해 태어난
비밀의 정원 백운동원림은
놀랍다

* 옥판봉玉板峰, 산다경山茶經, 백매오百梅塢, 취미선방翠微禪房, 모란체牧丹砌, 창하벽蒼霞壁, 정유강貞蕤岡, 풍단楓壇, 정선대停仙臺, 홍옥폭紅玉瀑, 유상곡수流觴曲水, 운당원篔簹園

창하벽蒼霞壁
  - 백운동원림

같은 번지에
콩란이
고비가
마삭이
함께 살고 있다

다들
바위가
蒼霞壁이라는
타이틀을 따는 데
기여하고 있다

蒼霞壁,
蒼霞壁이
그냥 태어난 게 아니다

달빛한옥마을은 우주선이다

월출산이 낳아 기른
달빛한옥마을은 우주선이다

달빛한옥마을이
자신에게 쏟아지는 달빛을 따라
역행하면
달에 다다른다

마음 내키면
꿈길에
다른 마을 몰래
달빛한옥마을이 달에 다녀온다

꿈길에
달에 다녀오고도
달에 다녀왔다는 내색을 않는 건
위화감을
조성하지 않기 위해서다

꿈길에
달에 도착하여

푸른 지구를 내려다보느라
별들을 지켜보느라
분주하다

다른 건 몰라도
무거운 절구통을 지니고 다니면서도
떨어지지 않는 달에서
토끼가 방아 찧는 걸
달빛한옥마을이 이미 확인하였다

달빛이 어디에서 쏟아지는가
확인하고 말 것도 없는 건
달빛한옥마을이 나냐른 곳이
달빛의 발원지여서다

달빛한옥마을이
달빛을 따라
제시간에
다시 마을로 내려와야 하기에
달빛한옥마을은
정신을 놓지 않는다

월출산이 낳아 기른
달빛한옥마을은 우주선이다

달빛한옥마을은 빛 좋은 떡살구다

일사분란
모두 다 정장을 한
달빛한옥마을은 빛 좋은 떡살구다

빛 좋은 개살구는
들어 봤어도
빛 좋은 떡살구는
들어 보지 못했을 것이다

빛 좋은 개살구는
모욕이지만
빛 좋은 떡살구는
찬사나

달빛한옥마을은
외모만 출중한 게 아니라
내면도
외모 못지않다

달빛한옥마을은
빛 좋은 떡살구란

말이 태어나게 하기 위하여
태어났다

일사분란
모두 다 정장을 한
달빛한옥마을은 빛 좋은 떡살구다

달빛한옥마을이 경사가 나다

달빛한옥마을이 경사가 났다

달빛한옥마을이 강진군재향군인회회장까지 챙겼다

월출산이 밀어 줬다

월남사가 밀어 줬다

무위사가 밀어 줬다

백운동원림이 밀어 줬다

수암서원이 밀어 줬다

누구도
못 말리는
달빛한옥마을

달빛한옥마을이 경사가 났다

달빛한옥마을이 강진군재향군인회회장까지 챙겼다

달빛한옥마을이 너그럽다

달빛한옥마을이 너그럽다

달빛한옥마을이 얼굴 내민 이래
이웃들에게
인색하게 군 적이 없다

똘똘 뭉쳐
달빛한옥마을만
잘나가면 된다는 생각을
가져본 적이 없다

이웃마을도 함께 잘나가야
달빛한옥마을에
우환이 없다는 걸
깨우친 걸 보면
달빛한옥마을은 지혜가 있다

이웃마을도 함께
잘나가야 된다는 생각을
스스로 깨우쳤을까,
누가 귀띔해 줬을까

달빛한옥마을은 옹졸하지 않다

달빛한옥마을이 머리를 싸매다

달빛한옥마을이 머리를 싸매고 있다

달빛수장고에 저장된
달빛이 처치 곤란이니
달빛으로
뭔가를 만들어 내야겠다는 생각이
머리에 꽉 찬 것이다

달빛으로 뭔가를 만들어 내
특허 신청을 하여
달빛한옥마을이
대대손손 번창하는 데 기여하도록 할 것이다

달빛,
달빛으로
무얼 만들어 낼까

뜻이 있는 곳에
길이 있다고
달빛한옥마을은
달빛으로

뭔가, 뭔가를 만들어 낼 것이다

달빛한옥마을이 머리를 감싸고 있다

달빛한옥마을이 너무 잘나가 문제다

달빛한옥마을이 너무 잘나가 문제다

달빛한옥마을이 너무 잘나가 문제여도
누가 끌어내리려 하지 않는 건
달빛한옥마을이
그만큼 처신을 잘하기 때문이다

잘나가는 달빛한옥마을이
폼 잡아도
뻐겨도
당연하다고 여기고
누가 시비를 걸지 않을 텐데
폼 삽을
뻐길 생각을 하지 않는 걸 보면 됐다

잘나가는 달빛한옥마을이
폼 잡을
뻐길 생각을 하지 않는 건
폼을 잡을 때나
폼을 잡지 않을 때나
뻐길 때나

뻐기지 않을 때나
차이가 나지 않기 때문이다

달빛한옥마을이 너무 잘나가 문제다

달빛한옥마을이 햇빛의 눈치를 본 적이 없다

달빛한옥마을이
햇빛의 눈치를 본 적이 없다

햇빛한옥마을 아닌
달빛한옥마을이기에
햇빛의 눈치를 볼 거라 생각할 수 있는데
달빛한옥마을이
햇빛의 눈치를 볼 정도로
소심하지 않다

햇빛도
햇빛한옥마을 아닌
달빛한옥마을이라고
달빛한옥마을을 소홀히 하거나
달빛한옥마을을 따돌릴 정도로
옹졸하지 않다

햇빛은
달빛한옥마을이
달빛한옥마을인 이유를
누구보다 잘 알고 있다

햇빛,
햇빛이 등을 돌리면
달빛한옥마을만 끝이 아니라
만사가 끝이라는 걸
달빛한옥마을 역시 잘 알고 있다

달빛한옥마을이
햇빛의 눈치를 본 적이 없다,
다행히

달빛한옥마을이 달빛 못지않게 햇빛의 사랑을 받는다

달빛한옥마을이
달빛 못지않게
햇빛의 사랑을 받는다

기본인
햇빛이 당연시되어
햇빛이
대우를 못 받는 것 같지만
그렇지 않다

달빛,
달빛이
햇빛의 후손인 길
달빛한옥마을이 모를 리 없다

따뜻한
햇빛의 후손인
달빛이 찬 이유를 아는 이는
많지 않다

달빛의 사랑을 받는 건

햇빛의 사랑을 받는 것이나
다름없다

달빛한옥마을이
달빛 못지않게
햇빛의 사랑을 받는다

어관魚觀마을이 나에게 가르치다

물고기의 눈으로 세상을 보는 법을
어관마을이 나에게 가르친다

물 밖의 내가
타인의 눈도 아닌
물고기의 눈으로 세상을 보는 법을
가르치는 어관마을을
주작산이 낳은 걸 뒤늦게 알았다

주작산이 자신이 낳은 마을을
뒤에서 꽉꽉 밀어주지
방치할 리가 없다

주작산이 마음을 닦는 데
여러 몫을 하고
주작산이 품에 안은
산짐승들의 갈증을 풀어주는
장수저수지 역시
어관마을을 뒤에서 꽉꽉 밀어준다

물고기의 눈으로

세상을 보는 법을
어관마을에게 배우고 있는
물 밖의 나는
걸어다니는 인어이다

어관마을은
물고기의 눈으로 세상을 보는 법을
주작산에게
전수받았을 것이다

어관마을의 중심을 잡아주는
쌍돛대인 팽나무
두 그루

어관마을에게
물고기의 눈으로 세상을 보는 법을
터득하고 나면
나의 마음에 무슨 변화가 일어날까

물고기의 눈으로 세상을 보는 법을
주작산이 낳은

어관마을이 나에게 가르친다

*어관魚觀마을: 강진군 신전면에 있는 마을이다.

수동
　- 대구

잊은 건가,
잊은 건가

잊었을 리가,
잊었을 리가

잊은 척하는 건가,
잊은 척하는 건가

잊으려고 애쓰는가,
잊으려고 애쓰는가

다시는
동족상잔의 길을 걷지 말아야 하는데

잊어야 하는가,
잊지 말아야 하는가

송촌松村
 - 칠량

이름값을 위해서
소나무만 남고
다른 나무들은 가란 법은 없지

대나무도
마을을 위해
한 몫 아닌 여러 몫을 한 걸

동학이
6·25한국전쟁이 낳은 상처가
딱지 떨어진 지 오래이나
잊을 리가

지나간 미래에 붙들려
다가올 과거를 소홀히 하여
앞날을
망칠 정도로 어리석진 않지

예나 다름없이
송정천에
별들이 덕감으로 오는 걸

이름값을 위해서
소나무만 남고
다른 나무들은 가란 법은 없지

강진에 살어리랏다

해를 낳는 금사봉을 우두봉이 지켜보는
달을 낳는 비파산을 만덕산이 지켜보는
강진은 영원히 지지 않는 모란이요
강진은 영원히 지지 않는 동백이네
이보다 좋을 수 없는
강진에 살어리랏다
강진에 살어리랏다

다산의 가슴으로 영랑의 눈빛으로
청잣빛 하늘을 날마다 맞이하는
강진은 영원히 지지 않는 모란이요
강진은 영원히 지지 않는 동백이네
이보다 좋을 수 없는
강진에 살어리랏다
강진에 살어리랏다

백련사 범종소리 죽섬의 잠 깨우는
무위사가 늦둥이 대적광전을 낳은
강진은 영원히 지지 않는 모란이요
강진은 영원히 지지 않는 동백이네
이보다 좋을 수 없는

강진에 살어리랏다
강진에 살어리랏다

은어 떼가 탐진강을 거슬러 올라가는
기러기가 구강포 하늘에 수를 놓는
강진은 영원히 지지 않는 모란이요
강진은 영원히 지지 않는 동백이네
이보다 좋을 수 없는
강진에 살어리랏다
강진에 살어리랏다

병영 찬가

역사의 말발굽 소리 들리는 병영에
하멜도 돌아오고 병영성도 돌아오니
병영의 산과 들이 얼굴을 펴네
이보다 좋은 일이 어디에 있나
우리 모두 한 마음으로
옛 영광 찾으리, 옛 영광 찾으리

수인사 저녁 종소리 들리는 병영에
하멜도 돌아오고 병영성도 돌아오니
금강에 뜨는 달도 힘이 넘치네
이보다 좋은 일이 어디에 있나
우리 모두 한 마음으로
옛 영광 찾으리, 옛 영광 찾으리

3부

죽섬

봉황*이
바다에 알을 낳았다

알의 반이
땅속에 묻혔다

하루에 두 차례 오르락내리락하는
바다가 품어 준다

언젠가
새끼가 껍질을 깨고 나올 것이다

봉과
황이 함께 나올 것이다

봉황이
먹이를 물어다 줄 것이다

마침내
구만리 장천을 날 것이다

*봉황(鳳凰): 칠량 바닷가에 있는 마을 이름이다.

강진만 갈대밭이 시치미를 떼다

나를 불러낸
강진만 갈대밭,
강진만 갈대밭이 시치미를 뗀다

강진만 갈대밭이
나만 불러낸 줄 알았더니
그게 아니다

갈대밭을 위하여
여생을 바치고 있는
나를 각별히 사랑하여
나만 챙긴 줄 알고
갈대밭을 위하여
더 열심히
뭔가를 해야겠다고
다짐하고 나왔는데……

강진만 갈대밭이
나만 불러냈고
다른 먼 걸음을 한 길들은
강진만 갈대밭이 불러낸 게 아니고

제 발로 왔는데
내가 오독하고 있는지도 모른다

강진만 갈대밭이
나만 각별히 사랑해 주기를
바라는 내가
문제지
강진만 갈대밭이 문제가 아니다

나를 불러낸
강진만 갈대밭,
강진만 갈대밭이 시치미를 뗄 리가 없다

강진만에게 알리지 말라

강진만에게
나의 변고를 알리지 말라

하루가 멀다 하고
강진만을 찾은 내가
눈에 띄지 않으니
강진만이 안절부절못할 것이다

내가
강진만이 보이는 병실의 창가에서
강진만을 이따금 훔쳐보나
강진만이 그걸 눈치채지 못할 것이다

만에 하나
강진만이 나에 대한 안부를 물으면
급한 일로 잠시 외유 중이라며
머지않아
강진만을 찾을 거라고 말해 주라

자고 나면
죽섬이 한눈에 들어오고

금사봉과 이웃한 산봉우리들이
해를 낳는 걸 보여주는
병실의 창가에 서서 강진만을 훔쳐보는
못 말리는 나

강진만에게
나의 변고를 알리지 말라,
죽어도

묵은 갈대

하루에 두 차례 바다가 오르락내리락하더니
마침내
묵은 갈대들이 쓰러지기 시작한다

먼저 쓰러지고
나중 쓰러지고
정도의 차이만 있을 뿐
언젠가는 모두 다 쓰러질 것이다

한때 푸른 제복을 입고
한때 황금빛 제복을 입고
제 몸뚱일 흔들어 바람을 만들어
누구누구노 놀대 세상을 유람하더니

이젠 바랜 제복을 입은 채 쓰러져
새로 태어날 갈대들을 위하여
거름이 되어줄
묵은 갈대들의 정신이 숭고하다

몸은 쓰러져 누워도
뿌리는 뽑힌 적 없는

묵은 갈대들에게
배울 게 한두 가지가 아니다

하루에 두 차례 바다가 오르락내리락하더니
마침내
묵은 갈대들이 쓰러지기 시작한다

눈 내리는 강진만에서

내리는 눈발이 나를 불러내
강진터미널에서
강진만까지 걸어서 왔다

눈발을 받아내느라
정신없는 강진만은
나에게
묵은 갈대들을 보여주고
물이 나간 갯벌에 핀
청둥오리 몇 마리도 보여준다

물이 든 어딘가로
먹이를 찾아 떠난
백조를 내가 찾는다는 걸
눈치챈
강진만이 겸연쩍어 한다

내리는 눈발이
금사봉도 지우고
죽섬도 지우고
만덕산도 지워

강진만이
안절부절못할 줄 알았더니
그렇지 않다

내리는 눈발이 나를 가만두지 않아
강진터미널에서
강진만까지 걸어서 왔다

겨울 강진만이 나를 가르치다

하루에
두 차례 배가 불렀다 꺼졌다 하는
바다가
나를 가르친다,
가차없이가 뭔 말인가를

제 몸뚱일 흔들어 바람을 만들어
마실을 다니는
묵은 갈대들이
나를 가르친다,
일사분란이 뭔 말인가를

물때에 맞춰
먹이를 찾느라 함께한
같은 깃털을 갖지 않은 겨울 철새들이
나를 가르친다,
부동이화가 뭔 말인가를

겨울 강진만이
나를 불러내 한꺼번에 가르치다,
가차없이가

일사분란이
부동이화가 뭔말인가를

겨울 강진만에서

하루에 두 차례 오르락내리락하는 바다가 낳은
강진만 갈대밭에
아름다운 일만 있는 줄 알았더니
그게 아니다

묵은 갈대들이 추억을 되새김질하는
강진만 갈대밭에서 재미를 보는 것은
백조를 비롯한 겨울 철새들이 아니고
삵과 수달이다

강진만에 얼굴 내민
누구도 굶어 죽기 위해서
누구도 삼아먹히기 위해서
세상에 얼굴 내밀지 않았다

모순, 모순으로 가득찬
이 불편한 진실을
강진만이 모를 리 없지만
강진만이 간여하지 않는다

누구는 굶어 죽고

누구는 잡아먹히는 게
맘에 들지 않는다고 해서
강진만 갈대밭에 주야로 쏟아지던
해와 달, 별빛이
등을 돌린 적이 없다

하루에 두 차례 오르락내리락하는 바다가 낳은
강진만 갈대밭에
아름다운 일만 있는 줄 알았더니
그게 아니다

강진만 갈대밭이 나에게 면목없단다

겨울 철새들과 동고동락하는
강진만 갈대밭이 나에게 면목없단다

하루가 멀다 않고
강진만 갈대밭에 얼굴 내밀던 내가
어느날 갑자기 얼굴 내밀지 않자
내가 등 돌리고 사라진 걸로
강진만 갈대밭이 오해를 하였다

강진만 갈대밭이 오해를 할 수밖에 없는 게
사전에 나에게서
어떠한 이야기도 들은 적이 없을 뿐만 아니라
자신에게 등 돌릴 만한 어떤 이유도
나에게서 찾지 못했기 때문이다

내가 강진만 갈대밭을 찾았다가
돌아가는 길에
불상사를 당한 걸 모른
강진만 갈대밭이 나를 기다리고 기다려도
내가 얼굴 내밀지 않자
내가 등 돌리고 사라진 걸로

오해를 할 수밖에

내가 강진의료원 병실에서
죽섬을 거느린
강진만을 하염없이 바라보며
하루하루를 보낸 걸
강진만 갈대밭이 알 리가 없다

뒤늦게
나의 사연을 접한 강진만 갈대밭이
내가 강진만 갈대밭을 찾았다가
불상사를 당한 걸 알고
맘이 편치 않은 것이다

겨울 철새들과 의기투합한
강진만 갈대밭이 나에게 면목없단다

4부

일주문
   - 무위사

처음 얼굴 내밀었을 때
너무 어색하더니
지금은 전혀 어색하지 않다

일주문은
나에 대하여
어떤 생각을 가질까

일주문도
처음 나와 마주쳤을 때
내가 어색했지만
지금은 어색하지 않을까

일주문,
일주문

무위사의 지나간 미래를
모르는 사람들에겐
어색하다는 생각이
머리에 똬리를 틀 리가 없다

처음 나와 마주쳤을 때
진짜 어색하더니
지금은 전혀 어색하지 않다

사천왕문
  -무위사

일주문이 얼굴 내밀기 전과
일주문이 얼굴 내민 뒤의
표정이 그대로다

대적광전이 다시 태어나기 전이나
대적광전이 다시 태어난 뒤나
표정이 그대로다

사천왕문이
시너지,
시너지 효과를 알까 모를까

사천왕문이
시너지 효과를 안다면
이보다 좋을 수가 없을 것이다,
내심은

보제루

일주문과
사천왕문이 검문검색을 다하였으니
무위사를 찾는
먼 걸음을 한 길들을
반가이 맞이하기만 하면 될까

먼 걸음을 한 길들에게
흠 잡히지 않도록
몸가짐도 똑바로 해야겠지

보제루, 보제루가
누구 눈치나 보기 위해서
세상에
얼굴 내밀지 않았지만……

먼 걸음을 한 길들에게
흠 잡히지 않도록
몸가짐을 똑바로 하는 건 물론
극락보전에게
흠 잡히지 않도록
몸가짐을 똑바로 해야겠지

일주문과
사천왕문이 검문검색을 다하였어도
무위사를 찾는
먼 걸음을 한 길들을 위하여
예를 갖춘다 해서
자신의 위상이 격하되는 건 아니잖은가

극락보전

곱게 늙었다는
극락보전을 두고 하는 말이다

다시 태어난 대적광전이
신경 쓰일 것이다

신경 쓰이지 않다면
거짓말이다

극락보전,
극락보전

대적광전이 다시 태어났어도
무위사는
극락보전이다

곱게 늙었다는
극락보전을 두고 하는 말이다

극락보전 밖 아미타삼존불

극락보전 안 아미타삼존불은
계절을 타지 않지만
극락보전 밖 아미타삼존불은
계절을 탄다

감정의 변화가 심하다

명부전

극락보전의
왼팔이라고 말하지 않아도
왼팔이다

극락보전과 틀어진 적이
단 한 차례도 없다

극락보전의
오른팔이 없기에
오른팔 역할까지 겸하고 있다

극락보전이 외롭지 않도록
보필을 잘하고 있다

극락보전을 예로써 잘 모시고 있다

나한전

심심하지 않다

두 패로 나눠 할 수 있는 일이
한두 가지가 아니다

나눠진
두 패를
또 두 패로 나눠도 된다

문 닫아 놓고
뭐하는지 모른다

심심할 틈이 없다

천불전

먼 걸음을 한 길들 중에
성의 없는 길은 찾지 않는다

극락보전의 측근이 아니라고 해서
기죽은 적이 없다

극락보전의 측근이 아닌 게 아니라
원래는
극락보전의 오른팔이었는데
지금은 멀리 떨어져 있을 뿐이다

먼 걸음을 한 길들 중에
천불전이
한때 극락보전의 오른팔인 걸
아는 길은 많지 않다

외딴곳에서
애먼 짓을 하지 않는 걸 보면
한때 극락보전의 오른팔인 게
확실하다

먼 걸음을 한 길들 중에
성의 있는 길만 찾는다

성보박물관

궂은일을 도맡아하고 있다고 하면
오해를 살 수 있으니
큰일을 하고 있다고 해야 맞다

아무나 큰일을 할 수 있는 게 아니다

범종

범종이 맞으면서 내는 소리를
오독할 수 있다

無爲,
無爲

무위로 끝나다 할 때
무위와
뭐가 다르고
뭐가 같은가

無爲,
無爲

무위로 끝나다 할 때
무위와
뭐가 다르고
뭐가 같은가를 가르치기 위해서
맞는가

無爲,
無爲

무위사 삼층석탑

극락보전의 사랑을
독차지한다는 말을 듣게 생겼다

전란 중에
자리를 피하지 않고
극락보전을 지키다가
몸을 다쳤다

몸만 다치지 않았다면
삼층석탑 중에
으뜸이다

상이용사,
상이용사가 틀림없다

월출산산신각이
미륵전이
더 지켜보았을 것이다

극락보전의 사랑을
독차지한다는 말을 듣게 생겼다

선각대사편광탑비

바다거북이
육지에서 생고생을 하고 있다

마지못해이지
기꺼이는 절대로 아니다

웃었다간 울었다간
몸이 흔들려
비碑가 넘어지기에
웃지도 울지도 않는다

웃지도
울지도 않는 생을 산다는 게
쉬운 일이 아니나
불평 한 마디 늘어놓지 않는다

바다거북이
육지에서 생고생을 하고 있다

청화당淸和堂

들어갔다 나오기만 해도
마음이 청정해진다

아니다
아니다

눈빛만 마주쳐도
마음이 청정해진다

아니다
아니다

이름만 들어도
마음이 청정해진다

아미타삼존불도

기록은 깨지기 마련이듯
더 훤칠한 인물들이
나오기 마련인데

아직도
더 훤칠한 인물들이
나오지 않다니

이미 더 훤칠한
인물들이 나왔는데
나만 모르고 있는 건가

기록이 깨지길
내가 바라는 것으로
오독할까 무섭다

기록은 깨지기 마련이듯
더 훤칠한 인물들이
나오기 마련인데

수월관음벽화

버들가지는 놓쳐도 깨지지 않지만
정병은 놓치면 깨진다

정신을 바짝차려야 한다

월출산산신각

달빛으로 빚은 게 분명하다

티를 내지 않아도
티가 난다

달빛에
별빛이 묻어 있을 거다

달빛과
별빛으로 빚은 게 분명하다

미륵전

외모는
월출산 산신각과 일란성쌍둥이다

맡은 바 임무는
전혀 다르다

아미타내영도

여덟 명의 보살과
여덟 명의 비구를 대동하였다

세를 과시하기 위해서가 아니라
극락왕생한 자를
예를 갖춰 맞이하기 위해서다

극락왕생한 자를
예를 갖춰 맞이하는데
여덟 명의 보살과
여덟 명의 비구인 이유를 알고 싶다

극락왕생한 자를
예를 갖춰 맞이하는데
여덟 명의 보살과
여덟 명의 비구인 이유를
나에게 말해 줄 수 있는 자는
누구인가

여덟 명의 보살과
여덟 명의 비구를 대동하였다

괘불대

맡은 바
임무를 수행하기 위해
자리를 굳건히 지키고 있다

평상시는
논다

야단법석,
야단법석과 가까이 지낸다

무식한 내가
당간지주로 오독한 적이 있다

놀아도
빈둥댄다는 말을 들은 적이 없다

맡은 바
임무를 수행하기 위해
자리를 굳건히 지키고 있다

약수터 옆 감나무

그림에 떡인가

내 앞에서
누가 손대는 걸
못 봤다

그림에 떡이 아닌가

결국은
남아있는 게 없다

대적광전

늦둥이,
늦둥이가
너무 훤칠하다

늦둥이,
늦둥이가
훤칠하지
누가 훤칠하겠는가

강진의
저명인사록에
등록해야 한다

훤칠하다고 해서
무조건 다
강진의
저명인사록에
등록되는 건 아니다

극락보전,
극락보전이

추천을 서면
그냥 받아줄 것이다

강진의
저명인사록에
이미 등록돼 있는 걸
나만 모르고 있는가

명부전 앞 벚나무

삶이란
꽃구름이 일었다가
꽃구름이 사라지는 거라는 걸
말하기 위해 서 있다

그냥 구름 아닌 꽃구름이다

동백꽃똥구멍쪽쪽빠는새

백련사에서만
영랑생가에서만
동백꽃똥구멍쪽쪽빠는새로 통하는 게 아니다,
나는

무위사에서도
동백꽃똥구멍쪽쪽빠는새로 통한다,
나는

쪽쪽
쪽쪽
쪽쪽

빗속에 뻐꾹새가 운다
 - 무위사에서

그새를 못 참고
빗속에
뻐꾹새가 운다고
오독한 적이 있다

빗속에
뻐꾹새가 울 수밖에 없다

뻐꾹새가 털어놓을 수 없는
사연이 있다

나는 안다

노을
  – 무위사에서

감빛이라고 해야 하나
치잣빛이라고 해야 하나
장밋빛이라고 해야 하나

딱 하나만 택하라면

고민이 깊다

유레카
유레카

극락보전 벽빛이다

물과별 시선 16

그리운 강진극장

1판 1쇄 인쇄일 | 2024년 3월 10일
1판 1쇄 발행일 | 2024년 3월 15일

지은이　　김재석
펴낸이　　신정희
펴낸곳　　사의재
출판등록　2015년 11월 9일　제2015-000011호
주소　　　목포시 보리마당로 22번길 6
전화　　　010-2108-6562
이메일　　dambak7@hanmail.net
ⓒ 김재석, 2024

ISBN 979 - 11- 6716 - 098 - 0 03810

지은이와 출판사의 동의 없이 이 책의 내용 중 전체 또는 일부를 인용하거나 발췌하는 것을 금합니다.

값 12,000원